영원한 것은 보이지 않는다

심미광 시집

시와사람

영원한 것은 보이지 않는다

시인의 말

꿈이 저절로 부서지는 절망속에서
숲이 주는 고요함과 연한 색싹,
톡톡 터지는 꽃 등에서 강한 생명력을 느끼며
새로운 희망과 꿈을 꾸기 시작하면서
내면에 깃든 영감을 끌어 올린 시입니다.
어떤 생각을 하고 살았는지 안부 편지 쯤으로
이 책을 읽어주면 감사하겠습니다.

2023년 3월
심미광

영원한 것은 보이지 않는다/ 차례

제1부

제2부

제3부

제4부

제1부

풋사랑

텅 빈 공간
꼬물꼬물
쭈빗쭈빗
손을 내밀어 볼까
부끄러워 망설임에
볼이 맞대어지고
달콤함이 어지럽다

텅 빈 공간
왁자지껄
꽉 찬 우주를 만들었고

화사한 햇살에
동글동글 빛난다

무화과
그들만의 언어와 몸짓이
가득한 채로.

봄 햇살

따스한 햇살이 내리쬐는 날
나는 기지개를 켜고
햇살을 좇아간다

마음 속으로 봄을 생각하니
개나리꽃이 피고
분홍을 그리워하니
진달래꽃이 화사하게 피고
파랑을 찾으니
하늘의 황사가 걷히고
빨강은 앵두 입술에 립스틱을 칠하느라
들은 체도 않는다

모든 것을 이룬 나는
두꺼운 껍질을 깨고 나온 초록 이파리와
늘어지게 단잠을 자며
꿈속에서 무지개를 보았다.

조팝꽃이 필 때면

봄비 내리고
산허리에 아지랑이 하늘하늘 피어나는 날

아버지는 누런 소를 몰며
도라지밭을 갈으셨다
밭가상에는 휘어지게
눈부신 하얀꽃이 피었다.
나뭇가지마다 작은 팝콘이 틔어
다닥다닥 모여
하얀 도깨비방망이가 되고
바람이 불 때마다 하얀 도깨비방망이를 휘두르면
진한 꿀냄새가 멀리까지 퍼지면
벌들은 쉴새없이 짧은 봄날이 바빴다
꽃보랴 달큰한 냄새 맡으랴
뒷다리 꽃가루 묻힌 꿀벌,
나도 무작정 바쁘다

글 모르는 아낙이 종이 한 장을 펄럭이며
숨가프게 아버지를 찾아오면
아버지는 쟁기질을 멈추고
아낙의 일을 도우러 가셨다

어둑어둑 해가 지고 저녁때가 지나
아버지는 막걸리 한잔 걸치시고
적당히 기분이 좋아진
아버지가 돌아오시면
일하기 싫어 이제 오냐는
엄마의 잔소리가 시작되려는데
아버지는 말없이 주무신다

조팝꽃이 피면
아버지가 그립다.

손가락이 닮았다

철 지난 농사 짓기 바빠도
아버지는 한량이셨다

배깔고 책장 넘기는 내 손가락도
아버지를 닮았다
발가락조차도 영락없이 닮았다는
마땅찮다는 엄마의 앙칼진 목소리

백발의 힘없는 엄마
내 손가락 발가락
아버지 흔적을 어루만진다
그리움과 흐뭇한 눈빛으로.

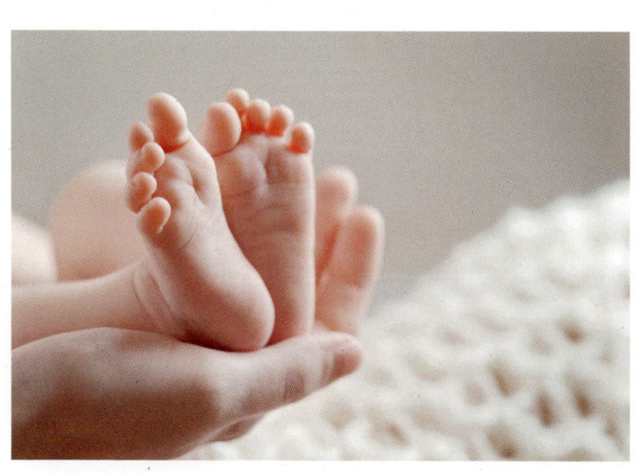

한여름날의 된장국

한낮의 태양이 뜨거운 날
나는 아버지의 저녁식사를 준비해야 했다

텃밭에서
애호박, 풋고추, 호박잎을 따와
둥근 감자를 더하여 썰고
호박잎을 바락바락 문질러 씻었다

들깨를 확돌에 갈고
된장을 풀어 썰어둔 채소를 넣고 푹 익혔다

마침 아버지 친구분이 오셔서 함께 드셨다
아버지는 세상에서 가장 맛있는 된장국이라고
연신 칭찬해 주셨지만,
정말 세상에서 가장 맛있는 된장국인지
딸이 대견스러워 하신 말씀인지
나는 여전히 궁금하다.

봄비

어서 일어나
눈 뜨고
세수하고
옷 입어야지
봄바람이 흔들어 깨운다

싹눈
꽃눈
어서 눈 뜨고
세수하라고
봄비 촉촉히 내린다.

너니까

내 생명의 절반을 너에게 줄거야
왜?
너니까
아니, 네 것은 네 거야
내 것만이 내 것이야.

샘

바람에도 출렁거리지 않는
고요한 마음

가만히 얼굴 비춰주는
거울이 있었다

목마름 적셔주는
맑은물이 있었다

재잘거림 들어 주는
깊은 동굴이 있었다

새들도 쉬어가고
붉은 낙엽도 머물렀다

유년의
내 마음의 깊은 골짜기엔.

무심히 캄캄한 밤

달도 별도 없는
어디가 끝인지, 이어진 길인지, 분간할 수 없어
가던 길 내려서지도 못하는

짝을 찾는 풀벌레, 개구리,
이름 모를 짐승들이 사납고
서럽게 울부짖는

어디로 가야할지 알 수 없는
무심히 깜깜한 밤
두려움이 오싹오싹 몸서리치는 밤

털썩!
그대로 주저앉았다

그래!
아침은 올 거야
해는 분명 뜰 거야
길은 다시 이어질 것이고.

이브의 술

오래! 바라보고 있다
깊이 취하여 잠들고 싶다
인어의 거품이 술잔에서
보글보글 떠 오른다
붉은 이브의 술은 당황스레
하얀 거품을 단숨에 삼키고
달콤한 향을 진저리 내뿜어
나를 맹렬히 빨아 당긴다.

해와 달은

해는 해의 자리에
달은 달의 자리에

해는 햇빛으로
달은 달빛으로

해가 달을 품어도
달이 해를 품어도

해는 해이고
달은 달이다.

까치꽃

봄까치
엄동설한 동틀 무렵
네 어이 일찍 왔느냐

행여 두 손 가벼이 팔랑팔랑
뛰어왔느냐

어여삐 자고 단정히 머리 빗고
고운 연분홍 비단옷 입고
기쁜 소식 두 손으로 공손히 받아
살랑살랑 봄바람 타고
오라 했지 않느냐

네 어찌 이리 빨리 온 것이냐
기쁜 소식 전하려 냉큼 온 게냐
기쁜 소식 가지고 오면
새하얀 모시옷 입고 온다 해도
기꺼이 기다리겠노라 하지 않았느냐

어찌 서리눈발 쟁쟁한 날
그 험한 길을 왔단 말이냐.

제2부

너뿐이야

온통 너뿐이야

온종일 너뿐이야

날이가고 해가가도

너뿐이야

나는 네가 있어 있는거야.

고향의 봄

해마다 봄은
노란 산수유 꽃구름을 둥둥 타고
산비탈 계곡으로 살포시 내려온다

햇살이 퍼지듯 앙증스런 노란 꽃들은
한곳에서 제각기 분사되어
지척으로 와글와글 오글오글 거리다가,

그 많던 꽃들이
안개 걷히듯 슬그머니 사라지고
까실까실 털 달린 기센 초록잎이 압도하면
여름은 무르익는다
늦가을 빨간 루비처럼 반짝이는 열매들은
오줌싸개들의 쓰디쓴 약

찬서리 내리고 흰눈이 펑펑 내리고
삭풍이 휘몰아치는 백지뿐인 겨울 왕국에서
빨간 열매들이
끈질기게 가지마다 매달려 있다

백발의 노인은 빨간 열매 한 바구니를 끼고
몇 개 남지 않은 이빨로 단단한 씨앗을 뽑는다
손주들 눈깔사탕 사줄 생각에
산수유 열매는 달디 달다

올해도 고향의 봄은
산비탈 노오란 꽃구름을 타고
둥둥 올 것이다.

밤이 어두운 것은

밤이 어두운 것은 별을 보기 위해서야
낮이 환한 것은 별을 재우기 위해서야

밤이 어두운 것은 너를 생각하기 위해서야
낮이 환한 것은 너를 보기 위해서야.

위대한 탄생

찬 바람이 분다
드센 눈보라가 휘몰아 친다
파르르 떠는 페르세포네
깜짝 놀란 데미테르
차갑게 단단히 언 땅은 데미테르의 이불
낮 햇살에 빨래줄의 이불은 펄럭거리고
페르세포네 걸음마 연습을 한다
밤이 되면 이불은 페르세포네 포근한 잠자리
페르세포네 걸음마 떼기 시작하면
봄서리로 포슬포슬 밥을 짓는 데미테르
단단한 땅을 뚫고 흙덩이를 밀치고
페르세포네는 솟아난 게 아니다
데미테르의 사랑을 먹고 잔뿌리에 넘어질세라
빗질 해준 길을 자박자박 걸어 나온 것이다
햇살 가득한 하늘을 향해
자신 있게 두 팔 쭉 뻗어본다.

나를 사랑한다는 말

정말이지요?
농담 아니지요?
장난 아니지요?
가슴으로 말해 주세요.

Thank you

말하세요

아프면 앓아누워도 돼요
아프면 밥 안 먹어도 돼요
죽이 먹고 싶다고 말하세요
아프면 아프다고 말하세요
누구나 아플 수 있답니다

아프다고 말하세요
뜨거운 국물, 구수한 국물, 맑은 국물
못 먹는다고 말하세요
하얀 밥에 백김치 먹고 싶다고 말하세요
누구나 아플 수 있고
아프답니다.

사랑한다면

말하세요
기쁨을 표현하세요
사랑은 위대한 거예요
지금
사랑한다고 말하세요.

좋은 음식도

묻지도 따지지도 말고
먹어봐
맛있어
피를 맑게하고
없던 힘도 불끈 솟아
약이 아니야 부작용이 없어
누구나 먹을 수 있는 음식이야
먹어봐

좋은 음식도 독이 되고
폭력이 될 수 있어.

알 수 없어요

꽃이 활짝 피었어요
노란 꽃, 빨간 꽃, 하얀 꽃
바람이 휙 지나가네요.
꽃잎 한 장 흔적이 없어요
눈 부신 햇살만 가득해요
나는 오랫동안 꿈을 꾸고 있을까요?

아이가 어른이 되는 것처럼
계절이 지나가고
세월이 가면.

모란이 모란일 때

모란의 새순이 쏙 나왔어요
촉촉한 봄비에 쭉쭉 자랐지요
따스한 햇살에 하품이 나오고
꾸벅꾸벅 졸음이 밀려와요
꿈을 꾸었지요

장미꽃을 보았어요
늘씬한 줄기와 호위무사
가시도 있네요
바람이 살랑거리면 진한 장미향이
춤을추며 빙글빙글 사방으로 퍼져요

꿈속에서 본 장미처럼
가냘픈 가지를 가지고 싶어
무서운 벌레들을 무찌를 가시가 필요해
모란은 날씬한 가지를 꿈꾸며
열심히 가지를 흔들어 댔지요
그만 가지가 뚝 부러졌어요
너무 세게 흔들었나 봐요

피가나고 쓰리고 아파요
억지로 붙여 놓은 장미의 마른가시가
상처를 콕 찔러 눈물이 쏙 납니다
너무 아파 눈을 질끈 감았어요

시간이 흐르고
아픔도 가시고
눈을 살짝 떠 보았지요
나비가 팔랑팔랑
꿀벌들이 윙윙 날아 다녀요

연못 거울에는
탐스런 모란꽃이 활짝 피어 있었어요
붉고 커다란 꽃과 웅장한 자태와
향긋한 향기에 깜짝 놀랐지요
모란이 모란일 때
가장 예쁘고 품격있다는 것을
나는 이제사 알았어요.

이력서

몰래 핀 꽃
수줍을랑가?

슬쩍 핀 꽃
감출겐가?

매달린 꽃?
혹 무슨 사연?

아슬아슬 꽃
그래!
꽃도
언젠가 지는거지.

얼굴

그리운 마음 달래려
꽃을 보니
더 붉게 피어나네

보고픈 마음 달래려
바람길을 달리니
가슴이 시려오네

아픈 마음 달래려
둥근달을 보니
그의 얼굴이
달빛으로 쏟아지네.

결핍은

따뜻한 가슴
뜨거운 사랑
장대한 강물
영원한 젊음
찬란한 생명

마침내
넘치는 풍요.

제3부

그런 사람이고 싶다

어디야
집 앞이야
무슨 일이야
보고 싶어

…… 나와!

일찌기 알았더라면

내 일찍이 운명을 알았더라면
질풍노도 질주하며 애쓰지 않았을 것을
뜨거운 사막을 종단하지도 않았을 것을
가지를 무성히 뻗고 풍성한 잎을 갖고
화려한 꽃을 만발하여 달콤한 열매를
꿈꾸지 않았을 것을

내 일찍이 운명을 알았더라면
갈잎에 시를 쓰고
바람을 타고 산과 들을 날으며
별빛에 어린왕자의 장미를 보았을 것을.

자연이 하는 일

왜 하늘을 향해 소리치고
어찌 그럴 수 있냐고
울부짖고 싶지 않겠습니까?

왜 땅에 발을 구르며
발악하고 싶지 않겠습니까?

왜 가슴이 저리게
통곡하고 싶지 않겠습니까?

왜 있는 듯 없는 듯
명상하고 있을까요?

욕심내지 말아요

오늘 눈 뜬 것을 감사해요

오늘 숨 쉬는 것을 감사해요

오늘 밥 먹는 것을 감사해요

오늘 손 편지에 감사해요

오늘 하루도 기적입니다.

영원한 것

보이는 것에 집착하지 말아요

보이지 않는 것에 집중하세요

영원한 것은 보이지 않아요

보이지 않는 것을 볼 수 있다면

가장 소중한 것을 볼 수 있어요.

텅 빈 들판에서

세찬 바람과 눈보라 치는
텅 빈 들판이지만,

스칠 듯 떨어지는 봄비 내리면
나 그대 발아래 움 틔울거예요

발뒤꿈치 살살 간지르며
당신을 찾겠어요

느끼지 못하고
보지 못해 지나쳐도
이 자리에 꽃으로 활짝 피어
기다릴게요

지금은 눈보라 치는
아무도 없는 빈 들판,
아름다운 꽃은 아무데서 피지 않아요.

씨앗의 꿈

나는 씨앗이야
태양을 닮았지
가슴도 뜨거워
태양은 따스한 품이고 풍요야
태양은 내 생명이며 내 사랑이야
나의 고향으로 날아가고 싶을 때도 있지
이카로스의 날개를 달고 이글거리는 태양을 향해
갈 수 없다는 것을 알아
다이달로스가 되어 빛을 모아 그림을 그려볼 거야
아침에는 둥근 해를 그리고
봄에는 수선화를 그릴 거야
여름에는 은빛 물고기가
은빛 물결에 팔닥팔닥 뛰어놀고
가을에는 넘실대는 금빛 밀밭을 그릴 거야
태양은 멀리 따로 있었던 게 아니야
씨앗 속에 담겨 꿈을 꾸고 있었던 거야.

씨앗

가늘게 내민 초록 손
털 하나 가시 하나
파르라니 떨고 있다

작렬했던 햇살이
엉덩이 이마를 무차별하게
휘갈긴 흔적이
색으로 향으로

거칠다 매끄럽다
가볍다 무겁다

내가 그래달랬나
네가 그래달랬나

생겨 먹은 게 그런데
천년만년 전에도
나는 손 하나 댈 수 없는
내 모습 내 가슴 내 온몸

뽀얀 속살 헤집고 들어온
거친 흙 거친 대지

난 네게 보드라운 속살을 내밀거야
하늘로 하늘로 땅으로 땅으로

난 네게 속살을 건넬거야
꽃으로 꽃으로
향으로 향으로

얇은 내 몸은 산산히 부서져
크고 도톰한 잎 길고 거친 뿌리
꼿꼿이 선 대궁일 테니까

오늘은 땅 밑에서
파르라니 떨고 있는
씨앗 한 톨.

봄날

세상 모든 일 비우니
봄이 가득 오네

욕심을 비우니
안팎에서 꽃이 피네

님을 믿으니
어디에 계시든 느껴지네.

붉은 장미의 위로

휘황찬란
복잡북적거림
눈과 마음이 어질어질
한올한올 벗겨
쓸어내니 홀가분

하나 남겨둔
붉은 장미의 위로가 기쁨을

텅빈 넓은 공간
붉은 장미
바오밥 나무 되어
온 우주를 삼킬 듯

돌멩이 몇 개
풀 몇 포기를 가져다 놓을까

아니
그마저 비워 버릴까

속 모르는
붉은 장미는 더욱 붉고 굵어져.

이 마음은 뭐지?

산책길에
카페에서
눈에 밟히는 사람

매일
약속한 것처럼

오늘은
안 보이시네
무슨 일 있으시나?
아프시나?

늦잠 잤어요

약속한 것도 아니고
기다린 것도 아니었는데
우연히 같은 시간에 마주친 것 뿐인데.

함부로 하지 않아

내가 있어
빛나는 거야

우주가 끝없다해도
지구역사가 유구해도
나는 하나뿐이야

내가 있어
우주가 있고
지구가 있고
꽃이 있는 거야

함부로 하지 않아
나는 소중하니까.

끝났다고 할 때

끝이구나
아무것도 할 수 없이
무너져 내릴 때
하데스를 만나기에는
아직은 하고 싶은 것도 많고
가고 싶은 것도 많은데
신이 너무 잔인하게 느껴질 때
눈물마저 메말라 버릴쯤에
삶은 또 시작되고
살아있는 게 감사하고
살아가는 곳에는
늘 새로운 기쁨과 즐거움이
생기는 법

신의 위대함을 느끼며
오늘도 감사하는 마음으로
온 우주의 신비에 대해
감탄하네.

소중한 사람

그가 좋아하는 것을 기억하고,

그의 일상을 흐뭇하게 바라보고,

그가 하는 일에 아낌없는 응원을,

그의 모든 일을 축복하는 것은.

제4부

그 사람

망망대해 홀로 떠 있어도
끝없는 모래벌판과 뜨거운 사막을
홀로 헤매고 있어도
까마득 까만 우주에 홀로 둥둥 떠다녀도
평온하게 딴청 피우듯 기다릴거야
그 사람은 꼭 나를 데리러 올거니까.

흔들리는 꽃

바람도 자고
산비둘기 날갯짓도 없는
고요한 날
꽃이 흔들린다

나뭇잎 떨어지는 소리
나비의 팔랑팔랑 날갯짓 소리
그리운 그의 목소리
아무도 눈치채지 못하게

꽃은 고요히 흔들린다.

생명의 근원이 되어

어디서든
비단처럼 부드럽게 스치는
바람이고 싶었다

누군가에게 담기고 싶고
누군가의 가슴에 흐르고 싶은
물이고 싶었다

휘몰아치는 광풍과
공포의 굉음 폭포를
길길이 휘젓고나니

이제
그의 따스한 심장을 뛰게 하는
생명의 근원이 되어
마냥 두근거리고 싶다.

어느 하루

아침이 밝아오면
따뜻하고 맑은 물 한 잔
뜨거운 초코라떼 한 잔
마주 앉아 마시며
평화로운 인사를 나누고

보드라운 햇살이 퍼지면
커다란 나무 아래에 앉아
한 권의 어린왕자를 큰소리로
번갈아 강독하고

어슴푸레 날이 저물고
까만 하늘에 별이 총총히 뜨면
Ennio Morricone-chi mai의
팔닥팔닥 심장이 뛰는
생명의 소리를 듣고 싶다
두 손 가볍게 잡고.

흠뻑 젖어

계곡물이 너무 차가울까봐
손끝만 스칠듯 넣어
물 묻을세라 재빨리 빼는

무엇이든 적당한 거리를 유지한 채
푹 빠져 들지 않는다
번거롭지 않고
유별스럽지 않는

사랑마저 함부로 빠지지 않는다
미지근하게 평범스럽게

인생은 길지 않을텐데
뜨거운 걸 뜨겁게
차가운 걸 차갑게
푹 담가 흠뻑 젖어 보아도
좋으련만.

복사꽃이 피면

물방울 닮은 맑은 얼굴
복사꽃에 물든 볼일까
희고 고운 손
가냘픈 팔다리
연둣빛 풋살결 같은
나폴나폴 깡충깡충
연분홍 소녀 발걸음

그의 눈에
그 소녀가 스쳐 갔을까.

따뜻한 밥 같은

나무와 풀이 우거진
교육장만 덩그러니 있는
숲속의 김장김치 수업이 있던 날
우리는 처음 만났지

식당이 없는 숲속
나는 손이 크고
남도의 음식들은 풍요롭고
바리바리 싸 들고
즐거운 소풍마냥
만끽했던 즐거웠던 시간들

친구같기도
때로는 나의 거울 같은
사람들과의 인연
굵게도 가늘게도 문득문득
인생길에 따뜻함과 풍미를 주는
사람이 되어 오늘도 같이 밥을 먹는다

서로의 재잘거림에 웃고
서로의 결정을 내리는데
때로는 기여하기도
때로는 휴식이 되어 주기도
진심의 축하를
진심의 위로를
밥 한 그릇의 따뜻함이 오래도록
내 가슴에 온기로 남아 있다.

그대 안에

바람이고 싶어라
그대 머무는 곳의

꽃이고 싶어라
그대 눈 안에 피어나는

향기이고 싶어라
그대 가슴에 스며있는.

엄마의 레시피

간장 얼만큼?
먹게끔 넣어라
너무 싱거면 속이 메쓱겁다

고춧가루는?
곱지 않게 넣어라
너무 고우면 속 쓰려 못 쓴다

소금은?
적당히 넣어라
간간해야 오래두고 먹는다

깨는?
비벼서 는둥만둥
넣어야 고소하다

참기름은?
째끔만 넣어라
많이 넣으면 맵끄럽고 쓰다

마늘은?
많이 넣어서 안 맛싯는 것 있간디
가물 때는 아껴먹어야 한다

생강은?
약되제
말려서 가루로 째까씩 넣음 좋제

설탕은?
달면 쓰간디
안달게 넣어라

식초는?
거짓깔로 넣어라
시면 못 먹는다

그럼 나는?
맛갈스러운 김치 같은
약이 되거라.

친구에게

점심은?
먹었어
나올래? 커피 살게
호호~ 그래 수다 떨자.

beautiful light

처음으로 beautiful light라 불러 주었을 때
감동이었습니다
처음과 같이 여전히 beautiful light로 불리는 것에
진정 감격스럽고요

beautiful light라고 부르시니
저는 beautiful light입니다
재탄생할 수 있는 사랑이며 생명이며,
감사입니다
보석보다 더 큰 선물인데
저는 받기만 하는군요

제가 할 수 있는 것은
따스한 햇살 가득한 beautiful light라는 것입니다
감사하다는 말 전하고 싶었습니다.

한여름 밤의 꿈

꽃이고 싶었다
고혹적인 향기를 가슴에 한가득 품고
강렬한 양귀비 보다 더 요염하게
그를 끌어 당기는

농익은 빛깔에 끌려
연한 꽃잎에 그의 부드러운 입술이 닿으면
설레임에 부르르 떨며 진한 향을 뿜는

어렴풋 꿈임을 인지한 것도 같았으나
모른척 깨고 싶지 않았을지도

높이 높이 가느다란 연줄에 매달려
이리저리 휘몰아 방황하는 순간에
붙잡아 주던 그가 고맙고 감사해서

그에게 선물을 준비하고 있었건만
미완성이라 전해 주지도 못했는데

아~ 잠에서 깨어났다

그녀는
하염없이 눈물을 흘렸고
서러움이 폭포가 되고
격함이 강풍이되고 벼락을 쳐
천둥소리가 요란하게 울었다

새싹은 돋아나고
꽃은 피고 아무 일 없듯이
그녀의 눈물은 호수가 되고
바다가 되어도 아무도 닿을 수 없는
깊은 심연의 울음이고 거센 파도라
알아채는 이가 없다

꽃은 피어 보지도 못했고
뜻밖의 선물은 전하지도 못했건만

가슴 미어지게 통곡했다
너무 울어 그녀의 육체는 가벼워졌고
영혼도 비었다

가벼운 몸과 마음은
작은 바람에도 훌쩍 가뿐히 상승기류를
탈 수 있게 준비되었다
언제든 어디로든

낮에 바람이 오면 태양으로 빛날테고
밤에 바람이 오면 별빛으로 빛날테지

꿈속의 또다른 꿈이었기를.

심미광 시집

영원한 것은 보이지 않는다

2023년 3월 20일 인쇄
2023년 3월 30일 발행

지은이 | 심 미 광
펴낸이 | 강 경 호
발행처 | 도서출판 시와사람
등 록 | 1994년 6월 10일 제 05-01-0155호
주 소 | 광주시 동구 양림로119번길 21-1(학동)
전 화 | (062)224-5319
E-mail | jcapoet@hanmail.net

ISBN 978-89-5665-667-0 03810

값 15,000원

공급처 ■ 한국출판협동조합
경기도 파주시 적성면 적성산단3로 10 (적성일반산업단지 내)
주문전화 (02)716-5616, 070-7119-1740